ESCAPE GAME DES PETITS GÉNIES !

De la 5e à la 4e

JEAN-BAPTISTE CIVET
PROFESSEUR DE MATHÉMATIQUES

OLIVIER LEFEBVRE
PROFESSEUR DE MATHÉMATIQUES

LAROUSSE

Direction de la publication : Carine Girac-Marinier
Direction éditoriale : Julie Pelpel-Moulian
Édition : Camille Guille
Direction artistique : Uli Meindl
Mise en pages : SKGD-Création
Fabrication : Ombeline Canaud

Illustrations : © Shutterstock.com

ISBN : 978-2-03-598109-7

Achevé d'imprimer en Roumanie par G. CANALE & C.
Dépôt légal : janvier 2020 - 324922/01
N° de projet : 11042853 - avril 2020

PAPIER À BASE DE FIBRES CERTIFIÉES

LAROUSSE s'engage pour l'environnement en réduisant l'empreinte carbone de ses livres. Celle de cet exemplaire est de : 600 g éq. CO_2
Rendez-vous sur www.larousse-durable.fr

AVANT-PROPOS

Bienvenue dans l'aventure, à la rencontre de quelques personnages emblématiques des mathématiques et des sciences. Au programme, 4 escapes games avec énigmes à résoudre, cadenas à code et autres cryptogrammes.

Le dénouement de chaque escape game te permettra de comprendre l'objet de tes différents voyages, à condition, bien sûr, d'avoir réuni l'ensemble des indices rencontrés.

Pour assurer la transition entre chaque escape game, tu devras également réaliser une série de mini-énigmes dont la résolution t'apportera quelques informations supplémentaires sur ton périple.

La résolution de ces énigmes, concoctées par deux professeurs de mathématiques, te permettra de réviser et prolonger les notions rencontrées en 5e pour préparer ton passage en 4e, le tout de manière ludique.

Les auteurs

À TOI DE JOUER !

SOMMAIRE

ESCAPE GAME 1 - UNE ANTIQUITÉ P. 6

MINI ESCAPE 1 P. 18

ESCAPE GAME 2 - UN VOYAGE EN ITALIE... P. 20

MINI ESCAPE 2 P. 30

ESCAPE GAME 3 - LE VOYAGE CONTINUE... P. 32

MINI ESCAPE 3 P. 44

ESCAPE GAME 4 - AU BOUT DU VOYAGE... P. 46

MINI ESCAPE 4 P. 60

SOLUTIONS 62

SOMMAIRE PAR NOTIONS

Utiliser les nombres pour comparer, calculer et résoudre des problèmes 7-8, 22, 36, 38-39, 56, 57

Pratiquer le calcul exact ou approché, mental, à la main ou instrumenté 10, 12, 24-25, 35, 51

Utiliser le calcul littéral 47

Interpréter, représenter et traiter des données 14, 16-17, 21, 23, 27, 28-29, 33, 42-43, 58-59

Résoudre des problèmes de proportionnalité 54

Comprendre et utiliser la notion de fonction 47

Calculer avec des grandeurs mesurables ; exprimer les résultats dans les unités adaptées 26, 37

Comprendre l'effet de quelques transformations sur les figures géométriques 15

Représenter l'espace 13, 34, 38, 41, 50

Utiliser les notions de géométrie plane pour démontrer . 9, 11, 52

Écrire, mettre au point, exécuter un programme 40, 48, 49, 53

ESCAPE GAME N° 1

UNE ANTIQUITÉ

Il pleut. Tu passes l'après-midi chez tes grands-parents et décides d'explorer le grenier de la maison. Tu repères une malle de voyage et à l'intérieur, tu trouves un objet enveloppé dans un vieux tissu. Tu le sors et te voilà avec un vieux grimoire entre les mains !

MAIS DE QUOI S'AGIT-IL ?

UNE ANTIQUITÉ

ÉNIGME 1

En observant le grimoire, tu repères sur le côté une sorte de cadenas à lettres qui bloque son ouverture. Évidemment, tu n'as qu'une idée : l'ouvrir !

CODE DU CADENAS :
C D X

5 =
6 = A
8 = E
10 = I
11 = O
18 = U

TU COMPRENDS QU'IL FAUT REMPLACER LES DEUX SYMBOLES PAR DEUX LETTRES POUR COMPLÉTER LE CODE DU CADENAS. TU SAISIS LE MOT DE PASSE. LE CADENAS PRODUIT UN CLIC.

LE CODE EST : C D X

UNE ANTIQUITÉ

ÉNIGME 2

Pressé de découvrir le contenu du grimoire, tu l'ouvres… Éclairs et tourbillons, tu reprends tes esprits et te voilà plongé dans une pièce aux murs épais, tout poussiéreux ! Oh, ta tenue ressemble fortement à celle des Égyptiens de ton livre d'histoire ! Sur le mur face à toi, tu reconnais le dessin d'une pyramide additive de ton cahier de maths…

UN CLAVIER EN PIERRE ATTEND TA RÉPONSE…

△ =

ÉNIGME 3

Le mur s'ouvre et dévoile un passage ! Tu n'as d'autre choix que de pénétrer dans cette nouvelle pièce secrète. Sur le sol, un étrange enchevêtrement est dessiné.

TU REPÈRES SUR LE CÔTÉ UNE PLANCHE AVEC DIFFÉRENTES STATUETTES.

LAQUELLE FAUT-IL PLACER SUR 👁 ?

TU AS CHOISI LA STATUETTE AU-DESSUS DE LAQUELLE ÉTAIT INSCRIT : ____ °

UNE ANTIQUITÉ

ÉNIGME 4

La statuette déclenche un mécanisme secret qui libère l'accès à un couloir. La lumière du jour semble s'en échapper. Tu trouves au milieu du couloir, sur un pupitre en pierre, un papyrus dont tu t'empares et sors sans attendre. Tu examines le document, ce n'est sans doute pas un hasard si tu l'as trouvé…

ÉLIMINE :

- 
- LES TRIPLES DE 17
- LE CHIFFRE DES DIZAINES QU'IL Y A DANS LE SEXTUPLE DE 351
- 2 + 5 × 6
- 100 + 2 000/100 + 30 000/10 000
- 6 × 9 – 26 : 13
- LA DIFFÉRENCE ENTRE LE PRODUIT DE 8 ET DU TRIPLE DE 3 ET DE LA MOITIÉ DE 24
- $\frac{21}{2} + \frac{15}{6}$

32	20	0	60
123	9	51	0
52	51	123	32
60	13	9	52

LA SOMME DES VALEURS RESTANTES TE DONNERA TA DESTINATION.

0 : SPARTE
13 : MILET
18 : ATHÈNES
64 : BYZANCE
102 : TROIE

 = VALEUR DE TA DESTINATION :

ÉNIGME 5

Tu as trouvé le moyen d'atteindre ta destination. À ton arrivée au port, le marin avec qui tu as sympathisé durant le voyage te conseille fortement de te rendre au Parthénon. Après avoir changé tes vêtements, tu choisis de suivre ses conseils. À l'intérieur du Parthénon, tu remarques une plaque de marbre avec un symbole qui t'est familier. Tu examines la plaque…

= TA RÉPONSE GRAVÉE :

UNE ANTIQUITÉ

ÉNIGME 6

Le sol se met à trembler et un escalier se dévoile. Tu décides de descendre voir ce qui se cache là-dessous : tu débouches sur un labyrinthe ! Heureusement, sur un mur, tu aperçois une carte et une série d'instructions.

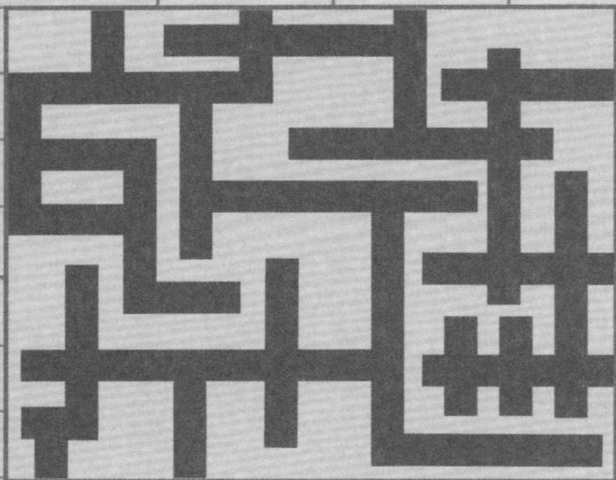

EST TON POINT DE DÉPART

LES OPÉRATIONS, DANS L'ORDRE, T'INDIQUERONT LE BON CHEMIN.

1 $7 - 16$

2 $7 - (-8)$

3 $-6 + 11$

4 $3 + 2 \times 4$

5 $4 \times (7 - 3)$

6 $5 \times (8 - 2) + 3 \times 5$

TU MÉMORISES LES RÉSULTATS ET TU T'ENGAGES DANS LE LABYRINTHE.

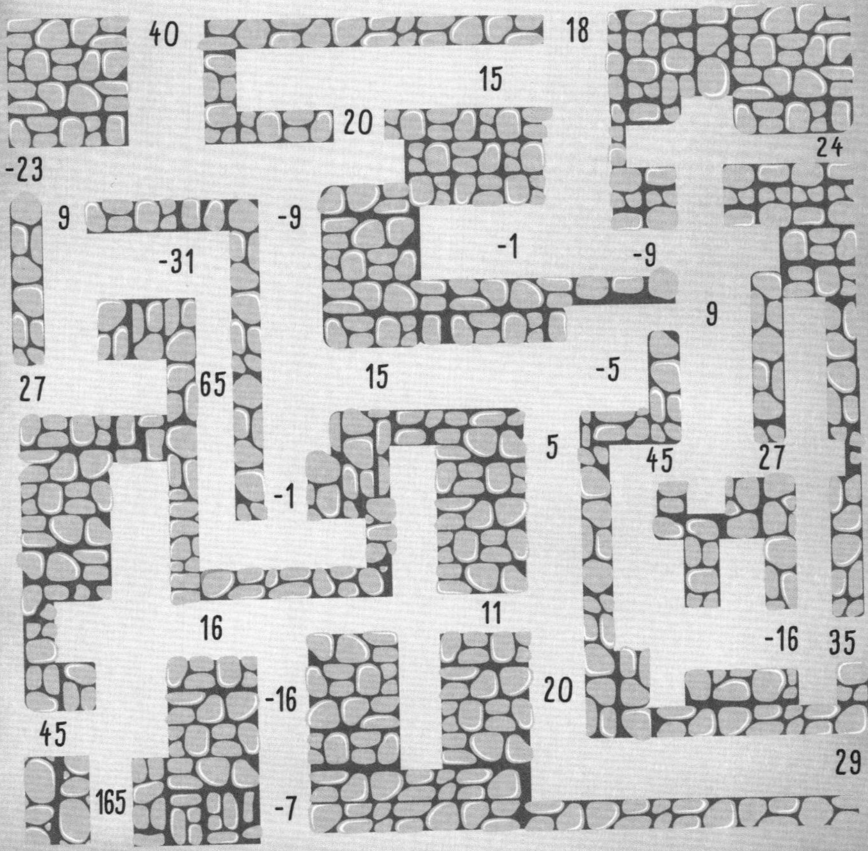

TU SORS À LA PORTE N° ▢.

UNE ANTIQUITÉ

ÉNIGME 7

Te voici dans les rues de la ville. Un passant s'approche de toi et te remet un rouleau. Tu essaies de lui poser une question mais le voilà déjà enfui. C'est reparti pour une nouvelle énigme !

LES MULTIPLES DE LA SOMME DES CHIFFRES DE TA PORTE, ASSOCIÉS À LA PHRASE ÉNIGMATIQUE SUIVANTE, TE DONNERONT TA PROCHAINE DESTINATION.

LES ABÎMES SE DÉJOUAIENT ALORS COMME LA NUIT DES PÉRILS DU NAVIRE ÉGYPTIEN.

HEUREUSEMENT QUE TU PEUX COMPTER SUR TON AMI MARIN POUR T'EMMENER VERS TA NOUVELLE MISSION.

TU PARS DONC EN ☐☐☐☐☐☐.

UNE ANTIQUITÉ

ÉNIGME 8

Le voyage est l'occasion de conter à ton ami tes aventures passées. Alors que vous débarquez au port, celui-ci décide de te remettre un texte dont il est sûr qu'il t'aidera à terminer ton aventure. D'après lui, tu es la personne à qui il était destiné, il en est certain.

De la première lettre de l'île où tu es, tu partiras.
Son symétrique par rapport à O, tu prendras.
Puis par rapport à K, tu te déplaceras.
Par la symétrie d'axe (OK), tu termineras.
Dans cette ville, tu te rendras.

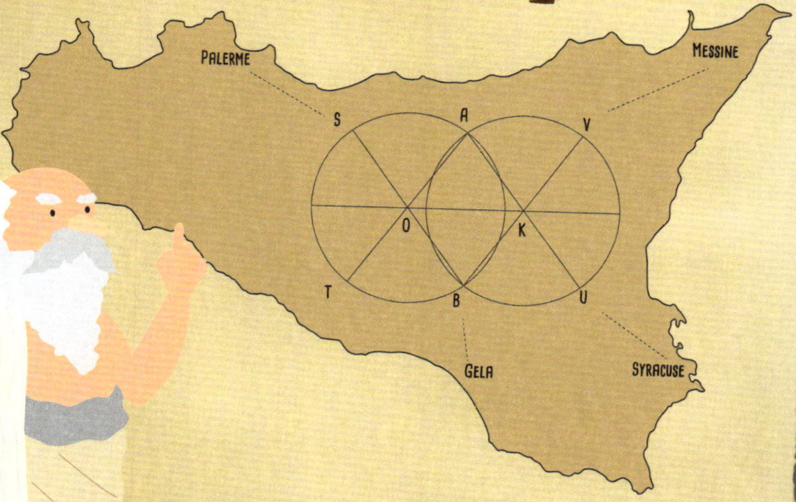

Ton ami doit lui aussi s'y rendre.
Il t'accompagnera. Il habite là-bas...

Tu te rends à ______ .

DÉNOUEMENT

Mais où dois-tu aller maintenant ? Sur les conseils de ton ami, tu examines à nouveau la carte pour voir si tu n'as pas manqué un détail. Celle-ci change d'aspect sous tes yeux ! Voici ce que tu as maintenant en main. La fin de ton voyage approche !

INDICE 1 : LE RANG DE LA 4^{E} LETTRE DU CODE DE L'ÉNIGME 1. ☐

INDICE 2 : LA SOMME DES CHIFFRES DE LA RÉPONSE DE L'ÉNIGME 2. ☐

INDICE 3 : LE PRODUIT DE 2 ET DU QUOTIENT DE LA RÉPONSE DE L'ÉNIGME 3 PAR 5. ☐

INDICE 4 : LE PLUS GRAND DIVISEUR DE LA RÉPONSE DE L'ÉNIGME 4 QUI N'EST PAS LA RÉPONSE. ☐

INDICE 5 : LE PLUS PETIT DIVISEUR DE LA RÉPONSE DE L'ÉNIGME 5. ☐

INDICE 6 : LE NOMBRE DE DIVISEURS PAIRS DE LA RÉPONSE DE L'ÉNIGME 6. ☐

INDICE 7 : LE NOMBRE DE LETTRES DE LA RÉPONSE DE L'ÉNIGME 7. ☐

INDICE 8 : LE NOMBRE DE VOYELLES DE LA RÉPONSE DE L'ÉNIGME 8. ☐

UNE ANTIQUITÉ

	0	1	2	3	4	5	6	7	8	9
INDICE 1	B	Z	T	U	I	A	P	S	F	K
INDICE 2	Q	D	G	S	C	N	V	X	Y	W
INDICE 3	A	C	E	I	O	M	L	N	D	T
INDICE 4	N	T	H	S	T	L	H	G	M	E
INDICE 5	L	H	E	T	R	A	F	Z	J	B
INDICE 6	I	R	T	V	J	A	E	O	U	X
INDICE 7	L	A	B	P	T	Q	M	V	Y	G
INDICE 8	W	C	B	A	R	F	T	S	K	L

Alors que tu lis le prénom à haute voix, ton ami sourit, puis te dit joyeusement : « Puisqu'à présent tu connais mon prénom, laisse-moi t'offrir ceci ! »
À ces mots, il fait apparaître un coffre.

MINI ESCAPE 1

ÉNIGME 1

Je suis E_1, le nombre entier qui, quand on ajoute 30 à mon produit par 7, donne le carré de 11.

Qui suis-je ?

ÉNIGME 2

Je suis E_2, un nombre entier autre que 2 qui est à la fois pair et la mesure du côté du triangle ci-dessous.

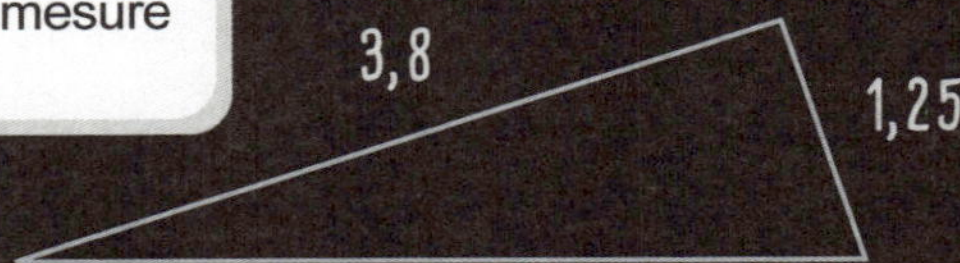

Qui suis-je ?

ÉNIGME 3

Je suis E_3, le plus grand diviseur de 48 dont un multiple est 56.

Qui suis-je ?

ÉNIGME 4

Je suis E_4, l'aire d'un carré de périmètre 10 unités.

Qui suis-je ?

ÉNIGME 5

Je suis E_5, le nombre minimal de diviseurs que possèdent tous les nombres entiers au moins égaux à 2.

QUI SUIS-JE ?

ÉNIGME 6

Je suis E_6, le produit des nombres d'axes de symétrie de chacun des parallélogrammes particuliers.

QUI SUIS-JE ?

ÉNIGME 7

Je suis E_7, le nombre de sommets d'un prisme droit ayant 21 arêtes.

QUI SUIS-JE ?

ÉNIGME 8

Je suis E_8, la date de naissance de ton nouvel ami.

$$E_8 = E_1 - (E_2 + 1) \times E_3 \times E_4 + E_5 - E_6 + E_7$$

QUI SUIS-JE ?

ESCAPE GAME N° 2

UN VOYAGE EN ITALIE...

Comme le grenier te paraît loin ! Après avoir traversé l'Égypte et la Grèce, tu n'aperçois toujours aucun retour possible... Et tu te retrouves désormais en possession d'un coffre.

TU N'AS PAS VRAIMENT LE CHOIX : TU DEVINES QUE TU DOIS L'OUVRIR SANS PLUS ATTENDRE !

ÉNIGME 1

Sur le coffre apparu comme par magie se trouve un étonnant texte. Sauras-tu en comprendre le sens ? C'est essentiel pour le déverrouiller…

LE MESSAGE CODÉ SIGNIFIE :

_ _   _ _ _   _ _ _

_ _ _   _ _ _ _ _ _   _ _

_ _ _ _ _ _ _ _ _ _

LA RÉPONSE EST DONC :

UN VOYAGE EN ITALIE...

ÉNIGME 2

Bravo, le coffre s'ouvre ! Éclairs, tourbillons, tonnerre se déchaînent et t'envoient dans la ville de Pise, devant un bâtiment en construction. Visiblement, tu as changé d'époque, et même de vêtements.

TU AS DANS LA MAIN UN MORCEAU DE PAPIER.

4 RANGÉES SONT MONTÉES.
ENCORE 94 À RÉALISER.
COMBIEN DE PIERRES TE FAUDRA-T-IL EN PLUS ?

LA RÉPONSE DE L'ÉNIGME TE DONNE L'ANNÉE OÙ TU ES ARRIVÉ.

TU ES ARRIVÉ EN ☐☐☐☐.

ÉNIGME 3

Tu retournes le papier. Une carte y est apparue. Elle te conduit directement à une maison en ville. Sur la porte de celle-ci, un panonceau…

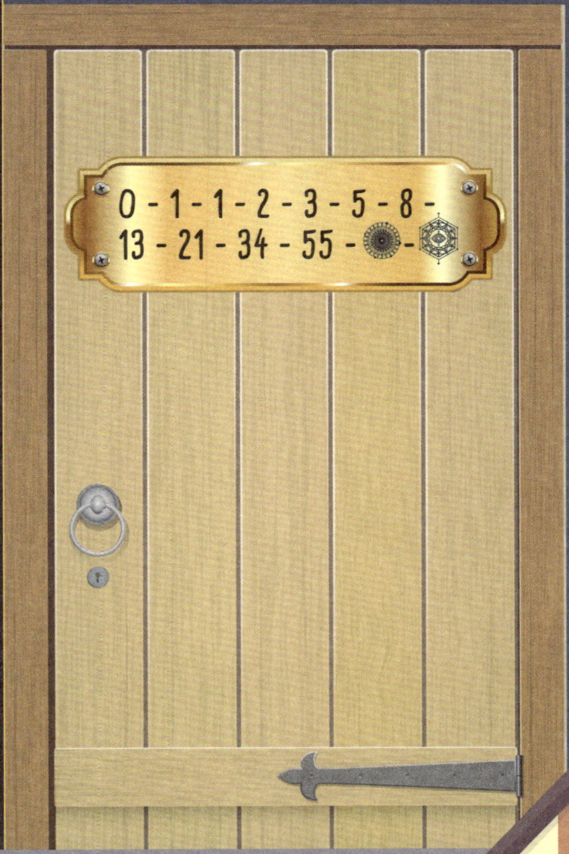

TU RECONNAIS LE DIGICODE SUR LA PORTE. TU L'AS DÉJÀ RENCONTRÉ EN ÉGYPTE. APRÈS AVOIR BIEN OBSERVÉ LA SUITE DE NOMBRES, TU SAIS CE QU'IL TE RESTE À FAIRE ET SAISIS LES 5 CHIFFRES QUI CONVIENNENT :

ÉNIGME 4

Curieux, tu entres. Il te semble entendre des pleurs de bébé. Au fond du couloir, encore une porte ! Et un tableau, juste à côté…

SUR LA PORTE, LE MÊME TABLEAU EST ACCROCHÉ. IL NE TE RESTE PLUS QU'À LE COMPLÉTER POUR DÉVERROUILLER LA PORTE.

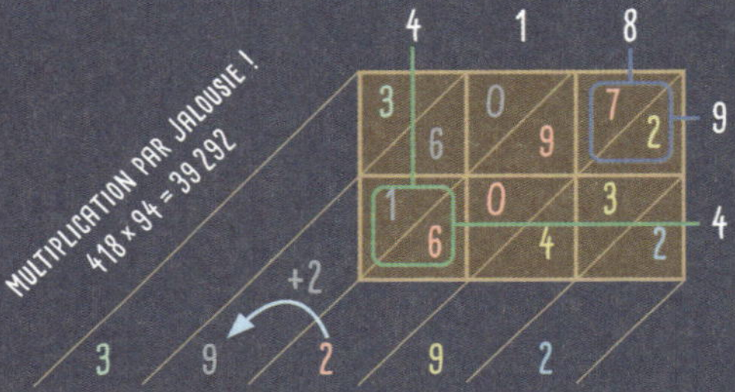

TU T'EXCLAMES : « J'AI COMPRIS, LA RÉPONSE EST ☐☐☐☐ ! »

ÉNIGME 5

La porte s'ouvre. Dans la pièce, tu distingues un solide bureau en bois et une bibliothèque. Il t'a semblé apercevoir un adulte, mais la pièce est désormais vide. Tu t'approches. Une étrange feuille est posée sur la table et tu te dis que tu as déjà vu cela quelque part…

TABLE DES FRACTIONS DOUBLES

$$\frac{2}{3} = \frac{1}{2} + \frac{1}{6}$$

$$\frac{2}{5} = \frac{1}{3} + \frac{1}{15}$$

$$\frac{2}{15} = \frac{1}{10} + \frac{1}{30}$$

$$\frac{2}{21} = \frac{1}{\text{⚔}} + \frac{1}{42}$$

$$\frac{2}{55} = \frac{1}{33} + \frac{1}{\text{✴}}$$

× 5

× [ ]

Papyrus de Rhind

TU SAISIS LA PLUME ET ÉCRIS LE RÉSULTAT SUR LE PAPYRUS… À PEINE AS-TU FINI QUE LA BIBLIOTHÈQUE S'ENTROUVRE, CAR C'EST UNE PORTE DÉROBÉE ! QUELLE ÉTRANGE MANIÈRE DE FAIRE DU CALCUL FRACTIONNAIRE…

⚔ = [ ]   ✴ = [ ]

UN VOYAGE EN ITALIE...

ÉNIGME 6

Tu passes par la porte dérobée et pénètres alors dans une chambre. Un vieux monsieur est allongé dans son lit. Souriant, il te fait signe de t'approcher pour te parler.

« TU ES ENTRÉ DANS MA MAISON QUAND J'Y SUIS NÉ. NOUS ALLONS BIENTÔT POUVOIR EN SORTIR. MAIS POUR CELA, J'AI BESOIN DE TON AIDE, IL RESTE ENCORE QUELQUES TÂCHES À ACCOMPLIR ».

LE VIEIL HOMME TE TEND DEUX PARCHEMINS. TU T'EMPRESSES D'EXAMINER LE PREMIER :

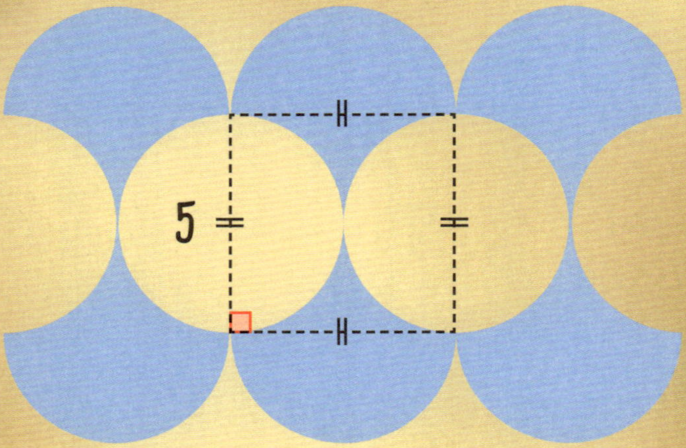

L'AIRE DE LA SURFACE BLEUE TE DONNERA LE NOMBRE D'ANNÉES ÉCOULÉES DEPUIS QUE TU ES ENTRÉ...

RÉPONSE : ☐☐ ANS

ÉNIGME 7

Tu es surpris du temps écoulé. Cela ne t'a pas paru si long. Voyons ce qu'il y a sur le deuxième parchemin ! Apparemment, c'est une autre énigme…

1 1 2 3 5 8 1 1 2 3 5 8.....

---

l a e y o s f n t h n a q e t i p r

w g j t r n d s d a d a e s k p l j

g i x f t i o s q x c d t u e m e

TU MURMURES TA RÉPONSE. LE VIEIL HOMME A DISPARU, COMME ÉVAPORÉ. TU ENTENDS SA VOIX QUI TE CONFIRME :
« C'EST BIEN MOI, MAIS JE SUIS BEAUCOUP PLUS CÉLÈBRE SOUS UN AUTRE NOM… »

RÉPONSE :

DÉNOUEMENT

Un passage secret s'ouvre, laissant apparaître un escalier en colimaçon. Il donne accès à une pièce sans fenêtre. À peine y as-tu pénétré qu'escalier et passage secret disparaissent !

INDICE 1 : De la réponse de l'énigme 1, prendre le double du chiffre des unités diminué du chiffre des dizaines.

INDICE 2 : Prendre le nombre de dizaines de la réponse de l'énigme 2. Faire la somme des chiffres.

INDICE 3 : Prendre le chiffre des centaines de la somme des deux réponses de l'énigme 3.

INDICE 4 : Faire la somme des deux premiers indices de ce dénouement.

INDICE 5 : Prendre la réponse 1 de l'énigme 5.

INDICE 6 : Prendre la réponse de l'énigme 6 diminuée du double de 37.

INDICE 7 : Prendre le nombre de mots de la réponse de l'énigme 7.

UN VOYAGE EN ITALIE...

ESCAPE GAME N° 2

LES INDICES RECUEILLIS TE DONNENT LE RANG DES LETTRES DU NOM QUE TU RECHERCHES...

RANG → LETTRE | RANG → LETTRE | RANG → LETTRE | RANG → LETTRE | RANG → LETTRE

RANG → LETTRE | RANG → LETTRE | RANG → LETTRE | RANG → LETTRE

LA PORTE ET L'ESCALIER RÉAPPARAISSENT AU MOMENT OÙ TU TROUVES LE NOM QUE TU CHERCHAIS. C'EST BIZARRE, TU REMARQUES QUE LA PORTE EST DÉCALÉE PAR RAPPORT À TON ARRIVÉE DANS LA PIÈCE. C'EST LE MÊME ESCALIER, MAIS PAS LA MÊME PORTE...

RÉPONSE :

MINI ESCAPE 2

ÉNIGME 1

Je suis E_1, le nombre minimal de cases sur lesquelles le chat doit marcher pour aller manger.

QUI SUIS-JE ?

→ ↑ ↓ ← ~~↗~~ ~~↙~~

DÉPART									
								ARRIVÉE	

ÉNIGME 2

Je suis E_2, le produit du numérateur et du dénominateur de la fraction irréductible qui représente la probabilité de tirer une boule jaune dans la bourse ci-contre.

QUI SUIS-JE ?

ÉNIGME 3

Je suis E_3, la distance à zéro du numérateur de la fraction irréductible, résultat du calcul suivant : $\frac{7}{8}+\frac{5}{4}-\frac{5}{2}$

QUI SUIS-JE ?

ÉNIGME 4

« Je suis présent dans tous les parallélogrammes et les cercles, je n'apparais jamais dans les triangles. » Je suis E_4, le nombre de lettres que contient l'objet mathématique caché dans l'énigme.

QUI SUIS-JE ?

ÉNIGME 5

Je suis E_5, la mesure de l'angle rouge.

QUI SUIS-JE ?

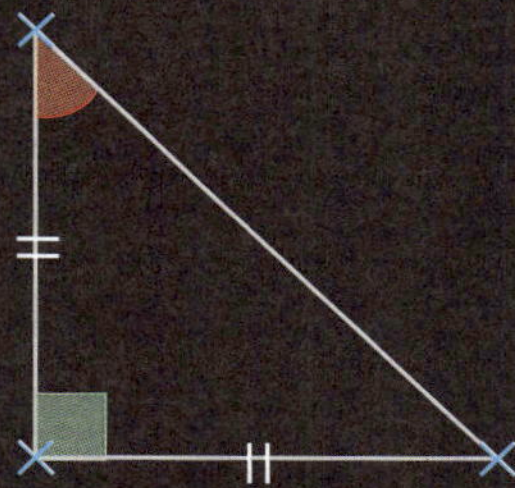

ÉNIGME 6

Je suis E_6, la distance à zéro de la somme des valeurs manquantes dans ce carré magique additif.

QUI SUIS-JE ?

5,75	-8,25	-7,25	
-5,25	0,75	-0,25	
	-3,25	-4,25	1,75
			-9,25

ÉNIGME 7

Je suis E_7, la valeur manquante dans ce tableau de proportionnalité.

1,5	5	8
1,125	3,75	E_7

QUI SUIS-JE ?

ÉNIGME 8

Je suis E_8, l'année de naissance de la prochaine personne que tu vas rencontrer.

$E_8 = E_1 \times (E_2 - E_3) \times (E_4 + E_5 - \frac{E7}{E6})$

QUI SUIS-JE ?

LE VOYAGE CONTINUE...

Tu arrives en bas du grand escalier, en même temps qu'un monsieur âgé. Pourtant, tu en es sûr, tu n'as aperçu personne dans l'escalier.

ÉNIGME 1

Mais qu'est-ce que c'est que cette plaque sur le sol ? Il y a des chiffres et des lettres… À toi de jouer !

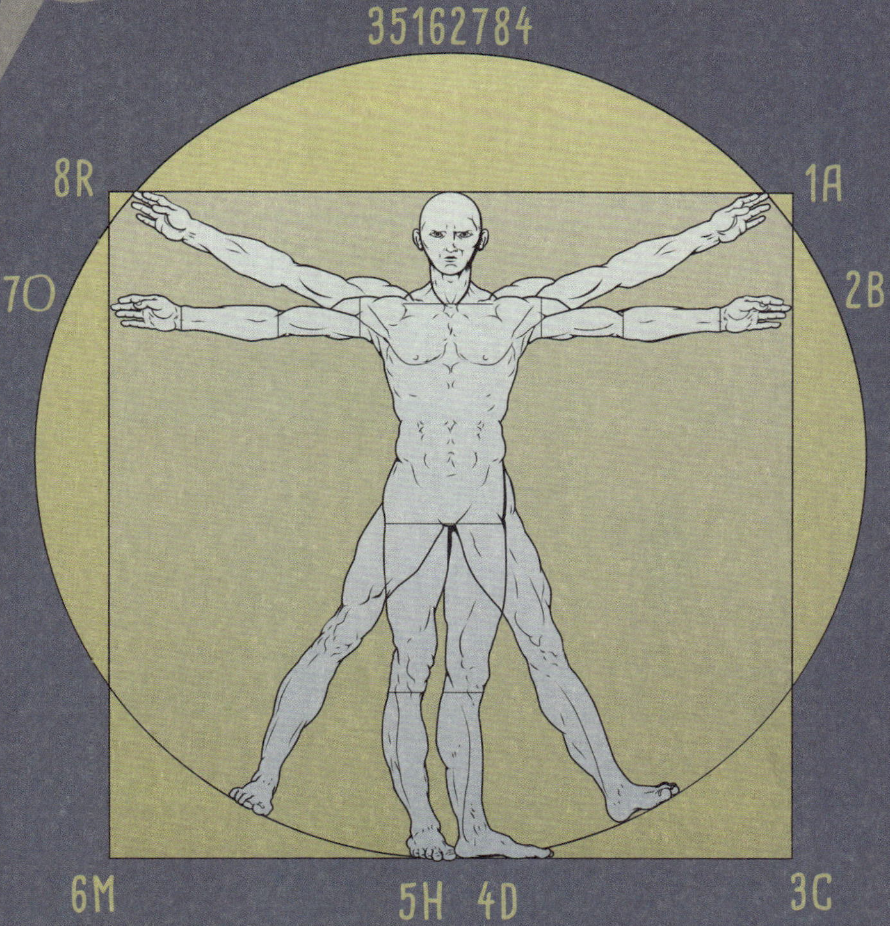

TU TE TROUVES DONC À ☐☐☐☐☐☐☐☐.

LE VOYAGE CONTINUE...

ÉNIGME 2

Le nom de cette ville aussitôt prononcé, une carte apparaît sur la plaque tandis que l'énigme précédente disparaît.

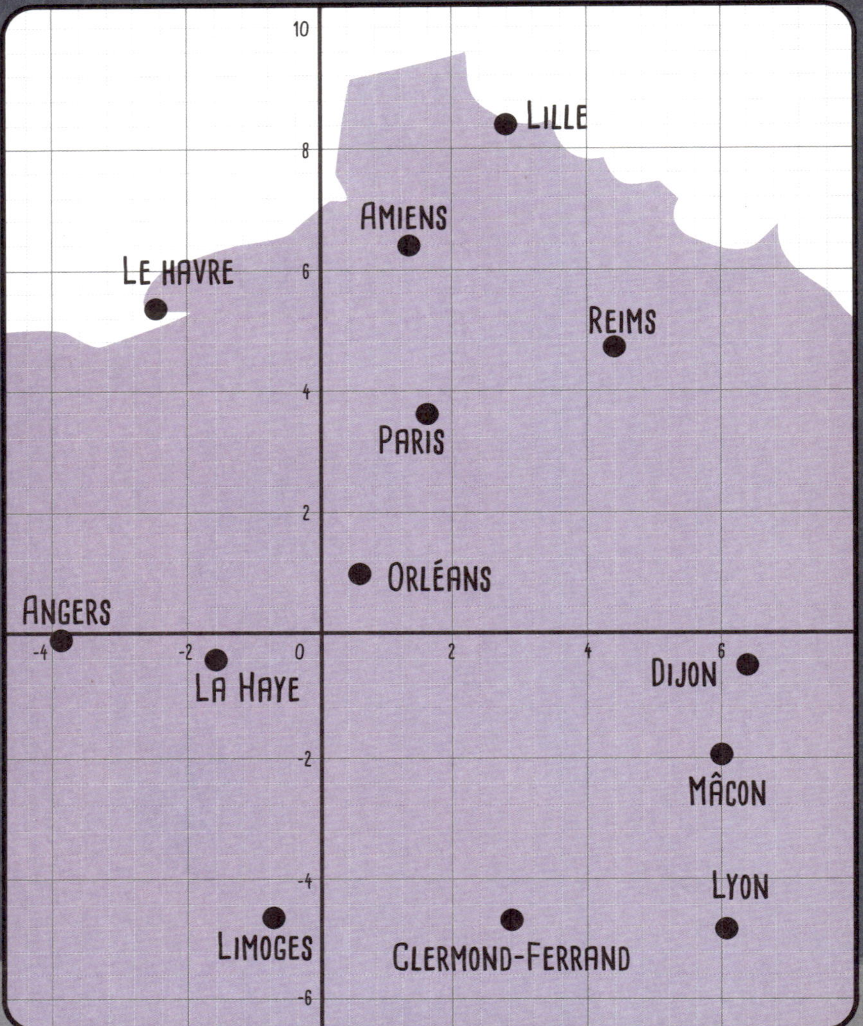

LE VOYAGE CONTINUE…

POUR CONNAÎTRE TA PROCHAINE DESTINATION, TROUVE LES COORDONNÉES DANS LE REPÈRE CARTÉSIEN.

MON ABSCISSE EST L'OPPOSÉ DE LA VALEUR DÉCIMALE DE $\frac{5}{3} - \left(\frac{4}{3} - \frac{19}{15}\right)$; TANDIS QUE MON ORDONNÉE EST LE CENTIÈME DE $3 + 2 \times (1 - (5 - 1) \times 5)$.

UN CARROSSE T'ATTEND À LA SORTIE DU CHÂTEAU…

TA PROCHAINE DESTINATION EST ______ .

ESCAPE GAME N° 3

LE VOYAGE CONTINUE…

ÉNIGME 3

Le voyage était agréable, mais te voilà devant les portes d'une ville, fermées par un cadenas à code. Décidément, quel étrange périple ! Une voix s'élève et te donne un indice…

« LE TRIPLE DE LA SOMME DU DOUBLE DE L'OPPOSÉ DE MON ORDONNÉE ET DU QUINTUPLE DE L'OPPOSÉ DE MON ABSCISSE. »

RÉPONSE : ☐☐,☐

ÉNIGME 4

Les portes s'ouvrent sur une place. Un poteau central indique des destinations. Mais en dessous, une plaque attire ton attention. L'inscription gravée te met au défi !

PARIS : ______ KM ORLÉANS : ______ KM

LE VOYAGE CONTINUE...

ÉNIGME 5

Puis, sur l'un des panneaux, tu t'intéresses à ce texte gravé. Une carte est attachée au bois du panneau !

Les distances en kilomètres, tu connais. La somme des chiffres de centaines te dira de combien tu avanceras. Tu tourneras à droite et tu avanceras du dernier chiffre de la distance à Orléans, puis encore à droite tu tourneras, pour avancer d'autant que l'indique son chiffre des dizaines. À gauche il te faut aller, pour avancer du double du chiffre des unités de la distance à Paris. Tu tourneras encore à gauche, pour avancer de la somme des chiffres qui composent le nombre de dizaines de la distance à Paris. Pour finir, tu tourneras à gauche et avanceras jusqu'à la première maison rencontrée.

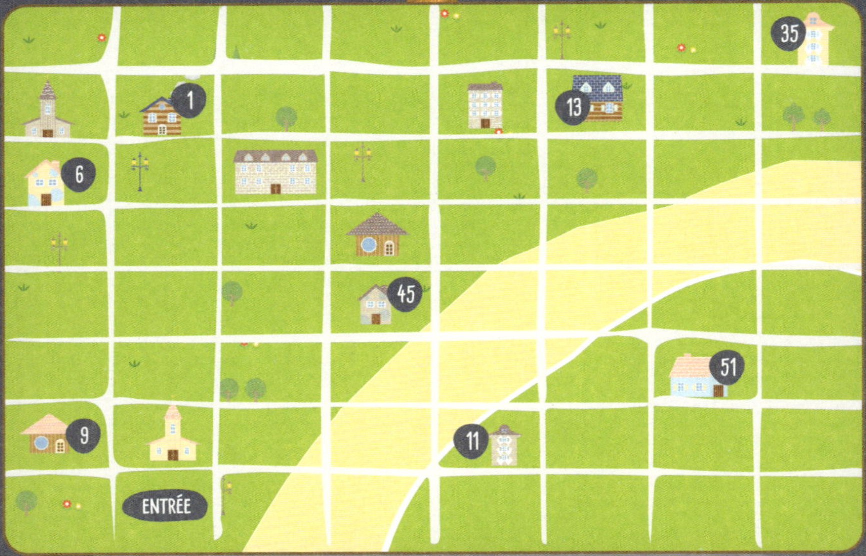

LA MAISON PORTE LE NUMÉRO ______ .

ÉNIGME 6

Te voilà devant la maison. Sur la porte, tu repères un énième système d'ouverture.

1 ÉTAGE COMPTE 1 TRIANGLE.
2 ÉTAGES COMPTENT 4 TRIANGLES.
...
4 ÉTAGES COMPTENT 16 TRIANGLES.
...
COMBIEN DE TRIANGLES COMPTENT 64 ÉTAGES ?

TU COMPOSES LE NUMÉRO ☐☐☐☐.

LE VOYAGE CONTINUE...

ÉNIGME 7

Le code saisi, tu entres dans la maison. Éclairs, tourbillons et grondements t'emportent. Tu te retrouves sur le quai d'un port en compagnie d'un inconnu. Sur les drapeaux, tu vois de drôles de bateaux. Mais que viens-tu faire si loin de ton lieu de départ ? Tu le sauras bientôt. L'inconnu te remet une nouvelle énigme.

- SOIT LE NUMÉRO DE LA MAISON OÙ TU ES ENTRÉ.
- MULTIPLIE CE NOMBRE PAR 2.
- AJOUTE -5 AU PRODUIT PRÉCÉDENT.
- MULTIPLIE LA SOMME PRÉCÉDENTE PAR 3.
- DIVISE CE PRODUIT PAR 9.
- TU OBTIENS LE PAS.

LE PAS TE PERMETTRA DE SAVOIR OÙ TU TE TROUVES. POUR CELA, SES MULTIPLES TU PRENDRAS.

ACVBTRSUVWXYZTGFEDCBO
MLKJIHCSTXUYAKEHJTYWHGL
SOAPOQYFKPELCDBKLUMNRFZ

RÉPONSE : ☐☐☐☐☐☐☐☐☐

ÉNIGME 8

Tu sais maintenant où tu es, mais ni en quelle année, ni pourquoi…
Tu questionnes l'inconnu qui est resté à tes côtés.
Pas très bavard, il te tend un nouveau document.

- SOIT UN PRISME DROIT À BASE HEXAGONALE ET UN PRISME DROIT À BASE HEPTAGONALE.
- LA SOMME DE TOUTES LES FACES TE DONNE LE NOMBRE DE COFFRES.
- SOIT LE DÉCUPLE DU NOMBRE DE FACES DU PRISME DROIT À BASE HEPTAGONALE. CE PRODUIT AUGMENTÉ DU NOMBRE D'ARÊTES D'UNE DE SES BASES TE DONNE LE NOMBRE DE DIAMANTS PAR COFFRE.

LA TOTALITÉ DES DIAMANTS DU TRÉSOR TE DONNE L'ANNÉE RECHERCHÉE.

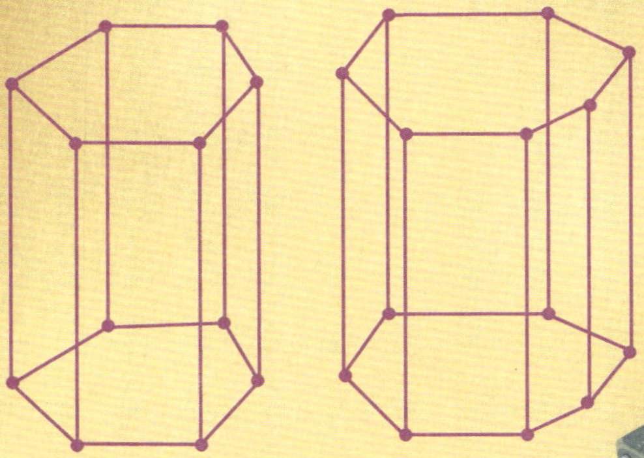

RÉPONSE :

DÉNOUEMENT

	INDICE 1 : Le nombre de lettres qui se suivent dans l'alphabet et qui me composent, dans l'énigme 1.	
	INDICE 2 : Le double de l'opposé du décuple de mon ordonnée, dans l'énigme 2.	
	INDICE 3 : Le chiffre des unités divisé par le chiffre des dizaines, dans l'énigme 3.	
	INDICE 4 : La division de la somme des chiffres d'Orléans par la somme des chiffres de Paris, dans l'énigme 4.	
	INDICE 5 : Mon rang dans la liste des nombres premiers, dans l'énigme 5.	
	INDICE 6 : On me divise une première fois par deux. Le quotient obtenu est encore divisé par deux. En tout, on effectue sept fois le travail. Pour finir, on effectue la somme des chiffres du dernier quotient obtenu, dans l'énigme 6.	
	INDICE 7 : Le nombre de lettres différentes qui me composent, dans l'énigme 7.	
	INDICE 8 : Le chiffre de mes unités, dans l'énigme 8.	

LE VOYAGE CONTINUE…

ESCAPE GAME N° 3

LA PREMIÈRE LETTRE EST OFFERTE. DE D TU PARS.
PARCOURS LE TABLEAU POUR TROUVER LES 8 LETTRES SUIVANTES.

D	A	P	Z	I	E	U	R	S	E
Q	M	S	L	F	K	F	J	H	G
W	N	X	B	C	V	A	O	Z	P
S	K	F	G	W	R	X	F	C	J
R	N	S	A	J	A	E	O	M	R
S	A	O	T	A	B	X	G	T	L
T	H	K	Y	R	T	F	U	E	Z
L	T	U	O	J	C	P	H	P	S
J	A	Z	P	B	O	L	A	L	Y
P	N	V	T	C	A	S	E	N	E

TU AS DONC ÉTÉ ACCUEILLI PAR

MINI ESCAPE 3

ÉNIGME 1

Je suis E_1, le nombre de faces d'un ennéaèdre.

QUI SUIS-JE ?

ÉNIGME 2

Je suis E_2, le nombre pair dont le nombre de diviseurs est égal à ma valeur moins une unité.

QUI SUIS-JE ?

ÉNIGME 3

Je suis E_3, la mesure du volume d'un prisme droit de hauteur 5 unités et dont la base est la moitié d'un rectangle de 4 par 3 unités.

QUI SUIS-JE ?

ÉNIGME 4

Je suis E_4, l'aire de la figure suivante.

QUI SUIS-JE ?

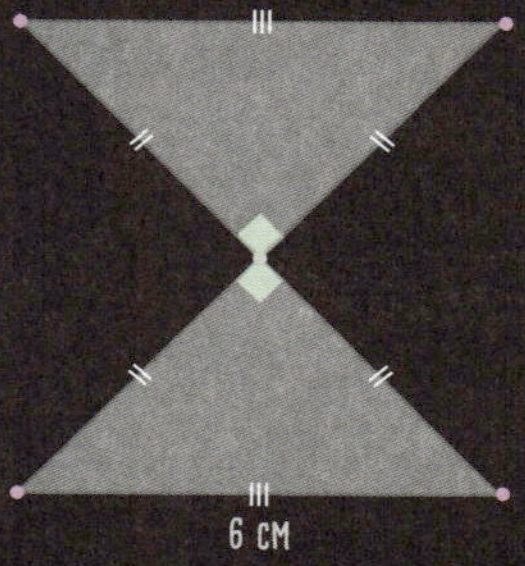

ÉNIGME 5

Je suis le nombre de chances qu'il existe lors du lancer d'un dé à 6 faces numérotées de 1 à 6 pour obtenir un diviseur de 60.

QUI SUIS-JE ?

ÉNIGME 6

Je suis E_6, le résultat de $(((E_3 + E_4) \times (E_4 \div E_1) - (E_4 - (E_1 - E_2))) \times E_2 - E_1) \times E_5$.

QUI SUIS-JE ?

ÉNIGME 7

Je suis E_7, le résultat de la somme de E_1 et E_6 à laquelle on a enlevé E_2.

QUI SUIS-JE ?

ÉNIGME 8

Je suis E_8, le prochain objet que tu vas rencontrer.
Il contient $E_2 + E_5$ lettres, $E_1 - E_2$ voyelles et sa deuxième lettre se trouve être en position E_4 dans l'alphabet.

SAURAS-TU ME RETROUVER PARMI LES ÉLÉMENTS DE LA LISTE QUI SUIT ?

- PYRAMIDE
- CALCULATEUR
- ESCALIER
- PLAN
- NAVIRE
- ORDINATEUR
- BATEAU
- ARPÉGIATEUR
- INTERNET

ESCAPE GAME N°4

AU BOUT DU VOYAGE…

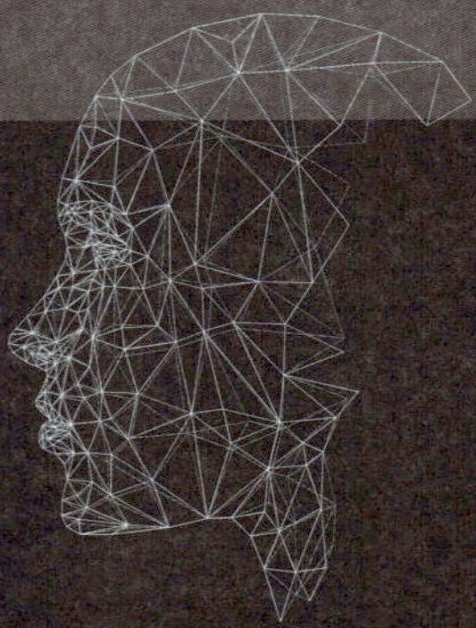

Tu connais cette sensation.
Tu as encore changé d'endroit. Tu ouvres les yeux et te voilà dans un lieu familier… des pistes en cuivres, des résistances, des puces électroniques, tu es à l'intérieur d'un terminal informatique ! Décidément, ici, tout est possible.

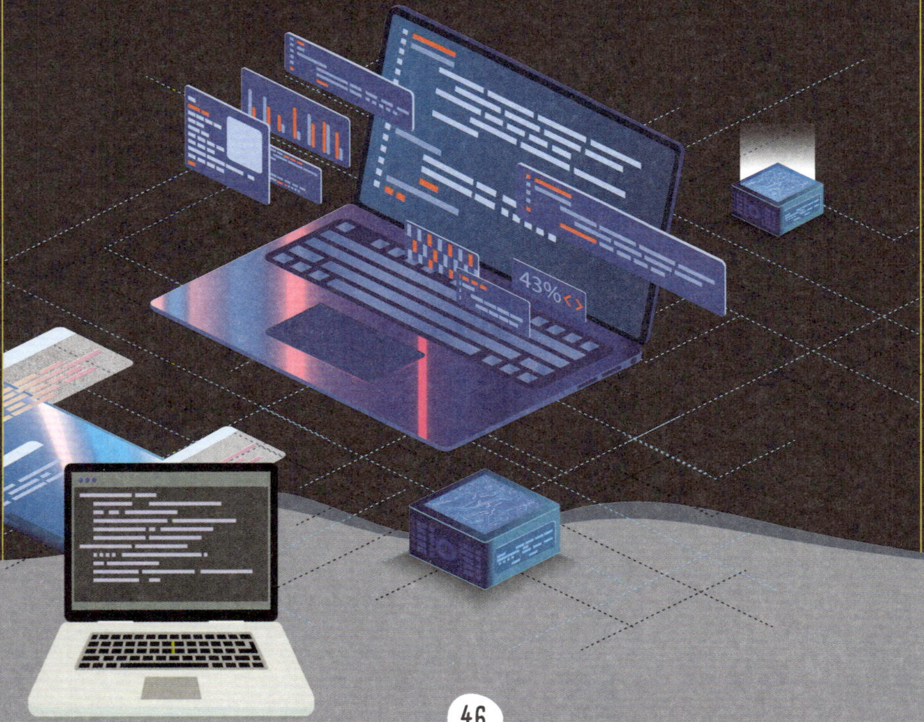

ÉNIGME 1

La vidéo-projection d'une énigme apparaît. Il s'agit de la fenêtre d'un tableur.

	A	B	C	D	E
1		Groupe 1	Groupe 2	Groupe 3	Total
2	Valeurs	**12**	**17**	**19**	
3	Effectif	**24**	**15**	**27**	**64**
4	Fréquence				
5					

Nombre E5

= (B2*B3 + C2*C3 + D2*D3) / E3

TU SAISIS LA VALEUR QUI VA S'AFFICHER DANS LA CELLULE E5.

=

AU BOUT DU VOYAGE...

ÉNIGME 2

Tu te sens comme aspiré hors de l'ordinateur, et te voilà devant l'écran !
Dans la pièce, il n'y a rien d'autre que le bureau sur lequel repose la machine, son écran, son clavier et sa souris.
Pas difficile de comprendre ce qu'il faut faire… C'est parti !

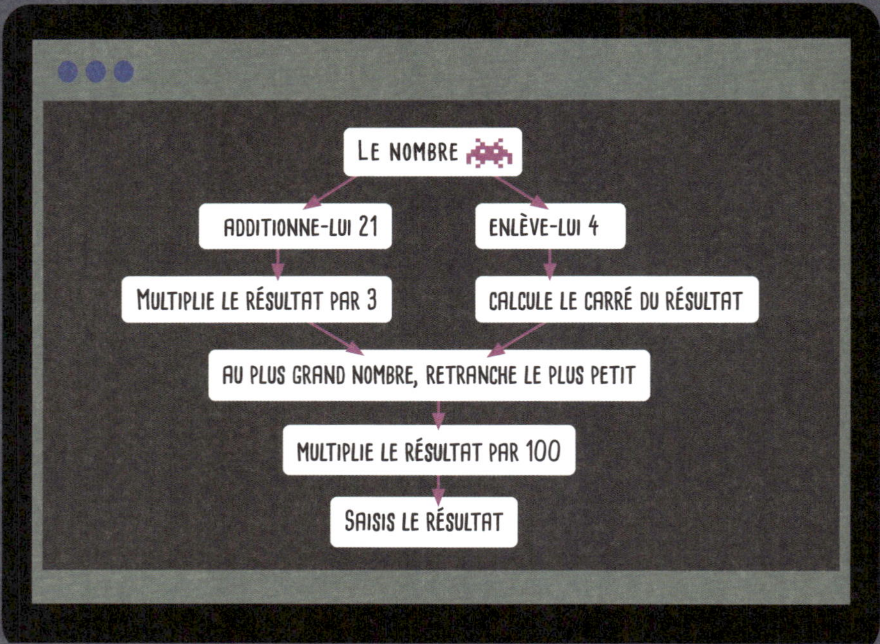

RÉSULTAT :

ÉNIGME 3

La partie ne fait que commencer. Tu viens de déverrouiller l'écran et tu accèdes à un environnement de programmation. La programmation visuelle par blocs, tu sais faire ! Il n'y a plus qu'à lire.

```
quand « Démarrer » est cliqué
mettre Solution de la dernière énigme ▾ à (0)
mettre Résultat intermédiaire ▾ à (0)
mettre Solution de cette énigme ▾ à (0)
demander (Quelle est la solution de la dernière énigme ?) et attendre
mettre Solution de la dernière énigme ▾ à (réponse)
mettre Résultat intermédiaire ▾ à ((Solution de la dernière énigme) * (3))
répéter (3) fois
    mettre Résultat intermédiaire ▾ à ((Résultat intermédiaire) + (Solution de la dernière énigme))
mettre Résultat intermédiaire ▾ à ((Résultat intermédiaire) / (6))
mettre Solution de cette énigme ▾ à (Résultat intermédiaire)
dire (regrouper (La solution de cette énigme est) et (Solution de cette énigme))
attendre (10) secondes
stop tout ▾
```

SOLUTION : ....

SOLUTION : ☐ ☐ ☐ ☐

AU BOUT DU VOYAGE…

ÉNIGME 4

L'algorithmie, c'est fait ! Soudain, s'ouvre un logiciel de géométrie sur lequel se dessine un schéma particulièrement complexe…

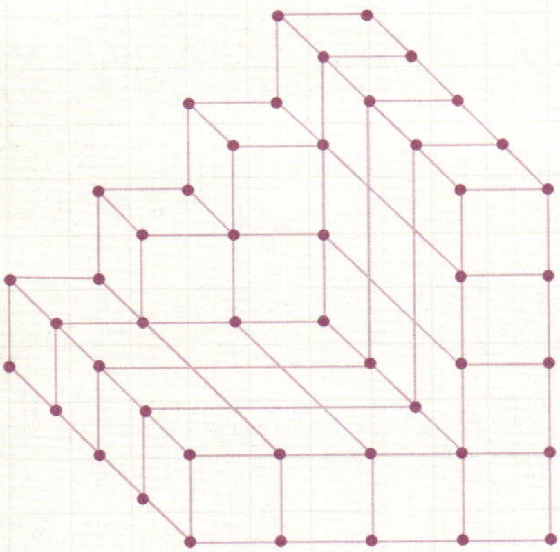

Combien faut-il encore de petits cubes pour reformer le grand cube ?

IL MANQUE ☐☐ PETITS CUBES.

AU BOUT DU VOYAGE...

ÉNIGME 5

Un nouveau message apparaît sur l'écran.
Plus rien ne peut t'arrêter, tu t'y mets sans attendre !

À 14 h 08, l'aventure a commencé.
La somme des réponses des 3 précédentes énigmes te donne la durée en secondes de ton voyage.
Tu connais l'heure où tout finira...

TON VOYAGE SE TERMINERA À

AU BOUT DU VOYAGE...

ÉNIGME 6

L'heure en bas de l'écran de l'ordinateur a changé.
Le logiciel de géométrie réapparaît.

COMBIEN Y A-T-IL DE TRIANGLES DE MÊME AIRE QUE CELUI EN ROUGE ?

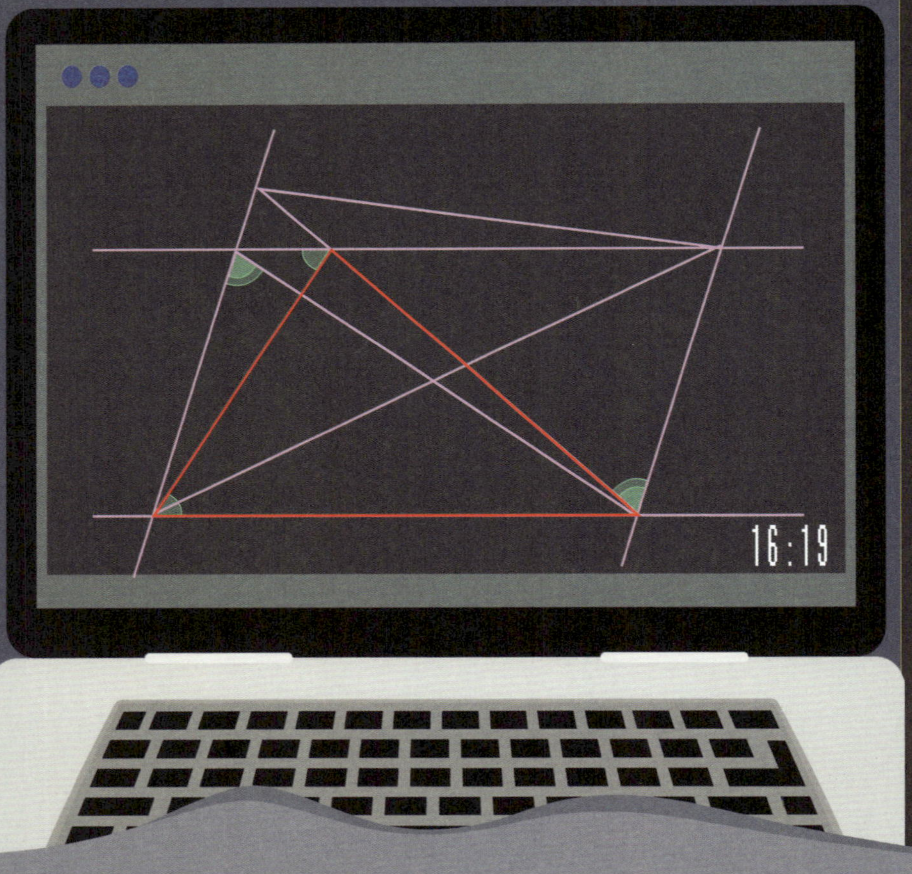

RÉPONSE :

ÉNIGME 7

Tu commences à avoir hâte que tout cela se termine.
Mais le logiciel de programmation réapparaît brusquement !

CE PROGRAMME CI-CONTRE RÉALISE CE DESSIN.

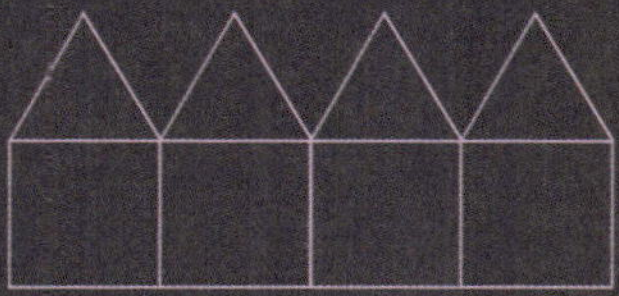

```
quand « Démarrer » est cliqué
cacher
effacer tout
aller à x: -200 y: -50
stylo en position d'écriture
répéter 4 fois
    répéter 3 fois
        avancer de 100 pas
        tourner ↶ de 120 degrés
    répéter 4 fois
        avancer de 100 pas
        tourner ↷ de 90 degrés
    relever le stylo
    avancer de 100 pas
    stylo en position d'écriture
relever le stylo
cacher
penser à c'est bon je suis sorti pendant 10 secondes
stop tout
```

16:29

LES COORDONNÉES DE SORTIE SONT (;).

AU BOUT DU VOYAGE...

ÉNIGME 8

Logiciel de géométrie, puis d'algorithmie… Le prochain à s'afficher sera-t-il à nouveau le tableur ? Bingo !

A1

	A	B	C	D	E	F
1		Groupe 1	Groupe 2	Groupe 3	Total	
2	Valeurs	12	17	19		
3	Effectif	24	15	27	64	
4	Fréquence		=			

16:32

QUELLE FORMULE FAUT-IL SAISIR EN C4 POUR QUE LE TABLEUR CALCULE LA FRÉQUENCE DU GROUPE 2 ?

FORMULE À SAISIR :

AU BOUT DU VOYAGE…

Une fois que tu as saisi la bonne formule, l'écran se met à « rembobiner » toutes tes aventures : l'intérieur de la machine, le port en Suède, le château en France, la tour penchée en Italie, le Parthénon en Grèce, les pyramides en Égypte… Voilà qui est très impressionnant !

AU BOUT DU VOYAGE...

ÉNIGME 9

C'est incroyable, tu es revenu dans le grenier de ton grand-père ! Une voix lointaine t'énonce l'énigme qui suit.

DANS CE GRENIER SE TROUVENT DEUX PÈRES ET DEUX FILS. 4 LIVRES SONT PROTÉGÉS ET RANGÉS DANS UNE MALLE. CHACUN PREND UN ET UN SEUL LIVRE. IL EN RESTE UN DANS LA MALLE. POURTANT, CELA N'A RIEN D'ÉTONNANT. POURQUOI ?

TU ÉNONCES TA RÉPONSE À HAUTE VOIX.

IL Y A ____ PERSONNES.

ÉNIGME 10

Visiblement assoupis, vous sortez tous ensemble du grenier et vous vous dirigez dans le salon. Confortablement installé au coin de la cheminée, ton grand-père énonce une dernière énigme.

« En réalité, au grenier, 27 livres sont rangés.
Chaque père en prendra 3 de plus que son fils.
Le grand-père en recevra le double de son petit-fils.
Combien de livres, pour s'occuper, chacun de nous aura ? »

Si seulement tu avais un tableur sous la main, tu aurais pu trouver la réponse rapidement.

Heureusement, tu disposes d'un papier et d'un crayon et tu énonces fièrement la solution…

Réponse :

GRAND-PÈRE	FILS	PETIT-FILS

DÉNOUEMENT

INDICE 1	Le nom de la cellule utilisée au diviseur de la réponse de l'énigme 8.	
INDICE 2	Le nom de la cellule utilisée au dividende de la réponse de l'énigme 8.	
INDICE 3	Dans la réponse de l'énigme 1, mon chiffre des dizaines donne le rang de la lettre de ma colonne et mon chiffre des dixièmes donne mon numéro de ligne.	
INDICE 4	À partir de l'indice 2, descends d'autant de cellules que la réponse de l'énigme 6.	
INDICE 5	La partie entière du quotient du nombre de dizaines de l'énigme 3 par l'abscisse trouvée dans la réponse de l'énigme 7 te donne ma colonne. Le chiffres des dizaines de la distance à zéro de l'ordonnée dans l'énigme 7 te donne ma ligne.	
INDICE 6	Dans la réponse de l'énigme 2, la somme des chiffres des milliers et des unités te donne ma colonne. La somme des chiffres des centaines et des dizaines te donne ma ligne.	
INDICE 7	Dans la réponse de l'énigme 5, la somme des chiffres de mon heure t'indique ma colonne et celle des minutes ma ligne.	
INDICE 8	À partir du deuxième indice, déplace-toi vers la droite d'autant de cases que la somme des chiffres de la réponse de l'énigme 4. Deux fois, tu me conserveras.	
INDICE 9	Le quotient du plus grand nombre obtenu dans la réponse de l'énigme 10 par celui de la réponse de l'énigme 9 te donne ma colonne. La somme des chiffres de l'énigme 4 te donne ma ligne.	
INDICE 10	Dans l'énigme 10, le résultat médian t'indique la colonne et le plus petit la ligne.	

Croise le résultat de chaque énigme avec le numéro d'indice.

	A	B	C	D	E	F	G	H	I	J
1	G	H	S	K	T	V	Y	T	C	T
2	Z	E	S	U	T	S	Q	H	D	I
3	Q	F	R	O	G	E	R	S	P	R
4	B	S	U	E	A	O	O	X	A	Q
5	A	E	O	I	R	L	N	J	A	T
6	E	U	H	E	S	I	K	O	R	H
7	B	N	C	M	I	V	O	Z	X	A
8	G	J	Z	S	E	E	P	Z	F	L
9	M	I	Y	B	V	Z	Q	F	W	I
10	R	O	U	D	O	U	L	P	H	E

L'INFORMATIQUE DOIT BEAUCOUP À

MINI ESCAPE 4

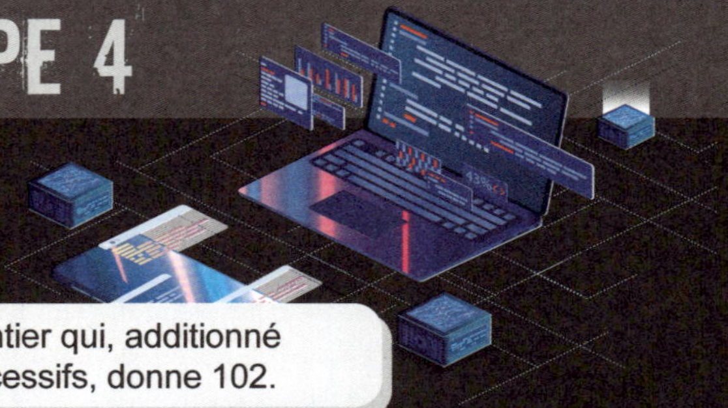

ÉNIGME 1

Je suis E_1, le nombre entier qui, additionné à mes trois entiers successifs, donne 102.

QUI SUIS-JE ?

ÉNIGME 2

Addition, soustraction, multiplication et division sont autorisées.
On obtient 100 en utilisant 5 fois le chiffre 5.
Je suis E_2, le nombre entier de multiplications utilisées.

QUI SUIS-JE ?

ÉNIGME 3

1 000 ordinateurs résolvent 1 000 calculs complexes en 10 jours. Je suis E_3, le nombre entier de calculs que résolvent 500 ordinateurs en 5 jours.

QUI SUIS-JE ?

ÉNIGME 4

Je suis E_4, le nombre entier à partir duquel, quand on ajoute E_1 à mon quintuple, on trouve 13 fois E_2.

QUI SUIS-JE ?

ÉNIGME 5

Je suis E_5, le nombre entier le plus proche de la valeur du diamètre d'un cercle dont la longueur est égale au périmètre d'un carré de côté 4.

QUI SUIS-JE ?

ÉNIGME 6

Je suis E_6, la mesure de l'angle au sommet principal d'un triangle isocèle dont une autre mesure d'angle est 71°.

QUI SUIS-JE ?

ÉNIGME 7

Je suis E_7, le nombre entier de minutes que dure un trajet de 1 205 km à une vitesse moyenne de 125 km/h.

QUI SUIS-JE ?

ÉNIGME 8

Je suis E_8, le résultat du calcul suivant, correspondant à l'année où la première femme a remporté la médaille Fields. $E_8 = (E_3 + E_6) \times (E_1 + E_2) \div E_4 - E_7$

QUI SUIS-JE ?

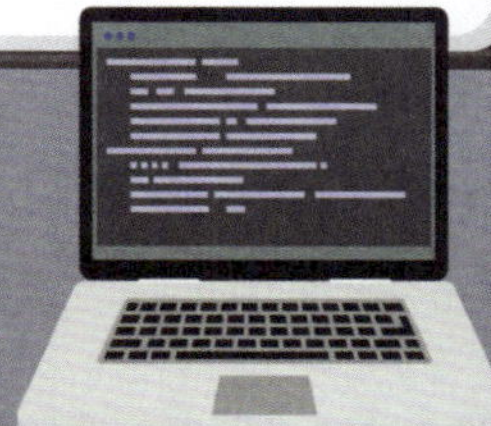

UNE ANTIQUITÉ

ÉNIGME 1 P.7 - Réponse : CODEX

On ajoute  de chaque côté de l'égalité 1 et on a : 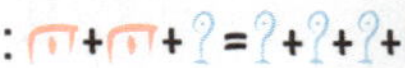

Donc

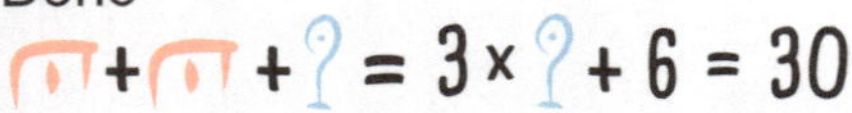

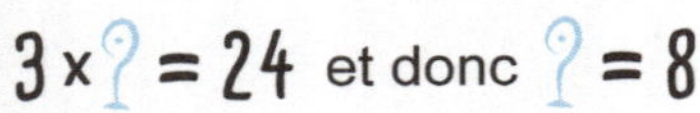

Enfin

O = 11 et E = 8, le mot de passe est donc CODEX.

ÉNIGME 2 P.8 - Réponse : 31

81					
17	64				
-16	33	31			
-23	7	26	5		
0	-23	30	-4	9	
5	-5	-18	48	-52	61

ÉNIGME 3 P.9 - Réponse : 20°

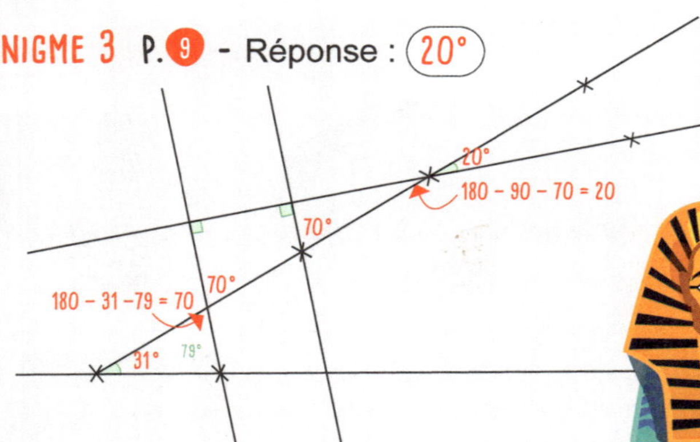

ÉNIGME 4 P. 10 - Réponse : 18

3 × 17 = 51
6 × 351 = 2 106 ; donc 0
2 + 5 × 6 = 32
100 + 2 000/100 + 30 000/10 000 = 123
6 × 9 – 26 : 13 = 54 – 2 = 52
La différence entre le produit de 8 et du triple de 3 et de la moitié de 24.
8 × 9 – 24 : 2 = 72 – 12 = 60

$\frac{21}{2} + \frac{15}{6} = 13$

Il reste 9 et 9, dont la somme vaut 18.

ÉNIGME 5 P. 11 - Réponse : 40

4 parallélogrammes dont le carré ; 10 triangles rectangles.
Le produit vaut 40.

ÉNIGME 6 P. 12-13 - Réponse : 45

7 – 16 = - 9
7 – (- 8) = 15
- 6 + 11 = 5
3 + 2 × 4 = 11
4 × (7 – 3) = 16
5 × (8 – 2) + 3 × 5 = 45

En passant par -9, puis 15, puis 5, puis 11, puis 16, on sort par la porte n° 45.

ÉNIGME 7 P. 14 - Réponse : SICILE

4 + 5 = 9
Il faut prendre la 9e lettre, puis la 18e, puis la 27e, etc.

LES ABÎMES SE DÉJOUAIENT ALORS COMME LA NUIT DES PÉRILS DU NAVIRE ÉGYPTIEN.

Soit SICILE.

ÉNIGME 8 P. 15 - Réponse : SYRACUSE

On part de S, on passe par B puis V. On arrive en U qui nous conduit à Syracuse.

UNE ANTIQUITÉ

DÉNOUEMENT P. 16-17

INDICE 1 : La lettre E est la 5e lettre de l'alphabet.
INDICE 2 : 3 + 1 = 4
INDICE 3 : 2 × 20 : 5 = 8
INDICE 4 : 18 = 2 × 9 soit 9
INDICE 5 : 40 = 1 × 40 soit 1
INDICE 6 : 45 est impair. Il n'y en a aucun soit 0.
INDICE 7 : 6 lettres.
INDICE 8 : 4 voyelles.

	0	1	2	3	4	5	6	7	8	9	
INDICE 1	B	Z	T	U	I	**A**	P	S	F	K	V
INDICE 2	Q	D	G	S	**C**	N	V	X	Y	W	✡
INDICE 3	A	C	E	I	O	M	L	N	**D**	T	V̈
INDICE 4	N	T	H	S	T	L	H	G	M	**E**	▷
INDICE 5	L	**H**	E	T	R	A	F	Z	J	B	△
INDICE 6	**I**	R	T	V	J	A	E	O	U	X	♢
INDICE 7	L	A	B	P	T	Q	**M**	V	Y	G	▷
INDICE 8	W	C	B	A	**R**	F	T	S	K	L	>

SOIT ARCHIMEDE UNE FOIS REMIS DANS L'ORDRE (ARCHIMÈDE).

MINI ESCAPE 1 P. 18-19

ÉNIGME 1 : 11² = 121 ; 121 – 30 = 91 et 91 : 7 = 13

ÉNIGME 2 : 3,8 + 1,25 = 5,05
Le seul nombre entier pair qui ne soit pas 2 et qui respecte l'inégalité triangulaire est 4.

ÉNIGME 3 : Les diviseurs de 48 sont 1, 3, 4, 6, 8, 12, 16 et 48 ; 4 et 8 ont pour multiple 56 ; 8 est le plus grand.

ÉNIGME 4 : 10 : 4 = 2,5 unités de longueur
2,5 × 2,5 = 6,25 unités d'aire

ÉNIGME 5 : Tous les nombres supérieurs ou égaux à 2 possèdent au moins 2 diviseurs (1 et eux-mêmes).
Seul le nombre 1 n'en possède que 1.

ÉNIGME 6 : Il y a trois parallélogrammes particuliers.
Le rectangle a 2 axes de symétrie, le losange a 2 axes de symétrie et le carré a 4 axes de symétrie.
2 × 2 × 4 = 16

ÉNIGME 7 : Un prisme droit possède deux bases identiques. Elles ont donc le même nombre de sommets et d'arêtes. De plus, il faut également autant d'arêtes que de sommets pour relier les bases. Ainsi, un prisme droit possède le même nombre d'arêtes sur l'une de ses bases que sur l'autre et sur ses faces latérales. En divisant 21 par 3, on obtient donc le nombre d'arêtes de chacune de ses bases, soit 7 qui est donc également le nombre de sommets d'une base.
Le prisme droit a donc 14 sommets.

ÉNIGME 8 : $E_8 = E_1 - (E_2 + 1) \times E_3 \times E_4 + E_5 - E_6 + E_7$
13 – 5 × 8 × 6,25 + 2 – 16 + 14 = - 287

UN VOYAGE EN ITALIE...

ÉNIGME 1 P. 21 - Réponse : -287

A→Z	J→Q	S→H
B→Y	K→P	T→G
C→X	L→O	U→F
D→W	M→N	V→E
E→V	N→M	W→D
F→U	O→L	X→C
G→T	P→K	Y→B
H→S	Q→J	Z→A
I→R	R→I	

OZ XOV VHG NLM ZMMVV WV MZRHHZMXV
LA CLE EST MON ANNEE DE NAISSANCE

Il s'agit du coffre d'Archimède.
Tu as découvert précédemment sa date de naissance : -287.

ÉNIGME 2 P.22 - Réponse : 1175

Il faut construire 94 rangées.
25 briques sont nécessaires pour construire 2 rangées.
13 pour la première rangée et 12 pour la seconde.
Il faut donc 47 lots de deux rangées de briques, soit 47 × 25, soit 1 175.

ÉNIGME 3 P.23 - Réponse : 89 144

0 - 1 – 1 – 2 – 3 – 5 – 8 – 13 – 21 – 34 – 55

 = 34 + 55 = 89  = 55 + 89 = 144

ÉNIGME 4 P.24

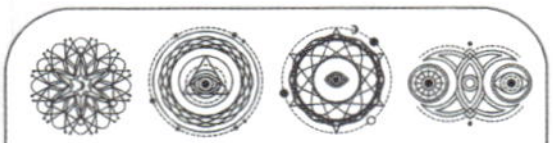

3 8 1 6

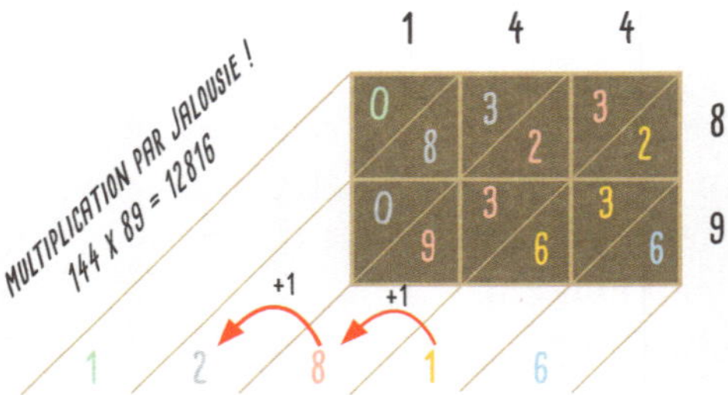

ÉNIGME 5 P.25 - Réponse : ✕ = 14 ; ✶ = 165

La troisième ligne de fractions sert d'exemple. 3 × 5 = 15.
On multiplie tous les dénominateurs par 5.
Puisque 21 = 3 × 7 et que 42 = 6 × 7, on comprend que les dénominateurs sont multipliés par 7.

✕ = 2 × 7 = 14

On a bien $\frac{1}{14} + \frac{1}{42} = \frac{3}{42} + \frac{1}{42} = \frac{4}{42} = \frac{2}{21}$

De même 55 = 5 × 11 et 33 = 3 × 11 ; ✶ = 15 × 11 = 165

On a bien $\frac{1}{33} + \frac{1}{165} = \frac{5}{165} + \frac{1}{165} = \frac{6}{165} = \frac{2}{55}$

✕ = 14 ✶ = 165

ÉNIGME 6 P. 26 - Réponse : 75 ANS

Pour calculer l'aire plus facilement, on peut replacer les demi-disques bleus sur les demi-disques blancs.
On obtient ainsi 3 carrés bleus. Chaque carré a pour aire 5 × 5 = 25 unités d'aire.
La figure complète a donc pour aire 75 unités d'aire.
Il s'est donc écoulé 75 ans.

ÉNIGME 7 P. 27 - Réponse : LEONARD DE PISE

1 - 1 - 2 - 3 - 5 - 8 - 1 - 1 - 2 - 3 - 5 - 8… .

LAEYOSFNTHNAQETIPRWGJTRNDSDADA
ESKPLJGIXFTIOSQXCDTUEME

DÉNOUEMENT P. 28-29

INDICE 1 : 2 × 7 – 8 = 6
INDICE 2 : 117 dizaines et 1 + 1 + 7 = 9
INDICE 3 : 144 + 89 = 233 soit 2 le chiffre des centaines
INDICE 4 : 9 + 6 = 15
INDICE 5 : ⚔ = 14
INDICE 6 : 75 – 2 × 37 = 1
INDICE 7 : Il y avait 3 mots dans la réponse de l'énigme 7 (Léonard de Pise).

Les indices recueillis te donnent le rang des lettres du nom que tu recherches…

6=F 9=I 2=B 15=O 14=N 1=A 3=C 3=C 9=I

Soit la réponse : FIBONACCI

MINI ESCAPE 2

P. 30-31

ÉNIGME 1 : 14 cases. La case de départ ne compte pas, le chat étant déjà dessus.
$E_1 = 14$

ÉNIGME 2 : Il y a 2 boules jaunes parmi les 10 que contient l'urne.

$p = \frac{2}{10} = \frac{1}{5}$; $1 \times 5 = 5$; $E_2 = 5$

ÉNIGME 3 : $\frac{7}{8} + \frac{5}{4} - \frac{5}{2} = \frac{7}{8} + \frac{5}{4} - \frac{10}{4} = \frac{7}{8} + \frac{-10}{8} = \frac{7}{8} + \frac{-10}{8} = \frac{-3}{8}$

$E_3 = 3$

ÉNIGME 4 : L'objet mathématique caché est CENTRE DE SYMETRIE. → $E_4 = 16$

ÉNIGME 5 : Le triangle est un triangle rectangle isocèle. La mesure de ses angles à l'hypoténuse est de 45 °. → $E_5 = 45$

ÉNIGME 6 :

5,75	-8,25	-7,25	2,75
-5,25	0,75	-0,25	-2,25
-1,25	-3,25	-4,25	1,75
-6,25	3,75	4,75	-9,25

-1,25 + (-6,25)
+ 3,75 + 4,75
+ 2,75 + (-2,25)
$E_6 = 1,5$

ÉNIGME 7 : Le tableau est un tableau de proportionnalité.
1,125 : 1,5 = 3,75 : 5 = 0,75 ; 8 × 0,75 = 6 → $E_7 = 6$

ÉNIGME 8 : $E_8 = E_1 \times (E_2 - E_3) \times (E_4 + E_5 - \frac{E_7}{E_6})$

$E_8 = 14 \times (5 - 3) \times (16 + 45 - \frac{6}{1,5}) = 1596$

Année de naissance : 1596

ÉNIGME 1 P. 33 - Réponse : CHAMBORD

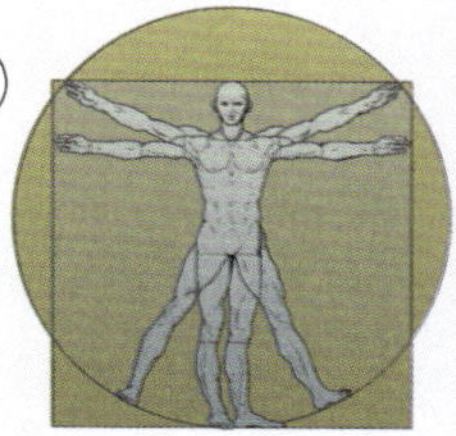

35162784	1A	7O
3C	6M	8R
5H	2B	4D

ÉNIGME 2 P. 34-35 - Réponse : LA HAYE

Pour l'abscisse : $\frac{5}{3} - (\frac{4}{3} - \frac{19}{15}) = \frac{5}{3} - \frac{1}{15} = \frac{25}{15} - \frac{1}{15} = \frac{24}{15} = \frac{8}{5}$

Opposé de la valeur décimale : (-1,6)

Pour l'ordonnée :

3 + 2 × (1 – (5 – 1) × 5)
= 3 + 2 × (1 – 4 × 5)
= 3 + 2 × (1 – 20)
= 3 + 2 × (-19)
= 3 + (-38)
= (-35)

Centième de (-35) : (-0,35)

ÉNIGME 3 P. 36 - Réponse : 26,1

Le triple de la somme du double de l'opposé de mon ordonnée et du quintuple de l'opposé de mon abscisse :
3 × (2 × 0,35 + 5 × 1,6) = 3 × (0,7 + 8) = 3 × 8,7 = 26,1

ÉNIGME 4 P. 37 - Réponse : 241,4 KM ; 135,184 KM

Paris : 50 × 4,828 = 241,4 km
Orléans : 28 × 4,828 = 135,184 km

ÉNIGME 5 P. 38 - Réponse : N°13

2 + 1 = 3
4
3
2 × 1 = 2
24, 2 + 4 = 6

ÉNIGME 6 P. 39 - Réponse : 4 096

1 étage compte 1 triangle.
2 étages comptent 4 triangles (2 × 2).
4 étages comptent 16 triangles (4 × 4).
Donc : 64 étages comptent 64 × 64, soit 4 096 triangles.

ÉNIGME 7 P. 40 - Réponse : STOCKHOLM

La maison porte le numéro 13.
13 × 2 = 26
26 + (-5) = 21
21 × 3 = 63
63 : 9 = 7
Il faut donc choisir la 7e lettre, la 14e lettre, etc.

ACVBTR **S** UVWXYZ **T** GFEDCB **O** MLKJIH **C** STXUYA **K**
EHJTYW **H** GLSOAP **O** QYFKPE **L** CDBKLU **M** NRFZ

La réponse est STOCKHOLM.

ÉNIGME 8 P. 41 - Réponse : 1649

Le prisme droit à base hexagonale a 2 bases et 6 faces latérales, soit 8 faces. Le prisme droit à base heptagonale a 2 bases et 7 faces latérales, soit 9 faces. La somme vaut 17. Il y a donc 17 coffres.
Le décuple du nombre de faces du prisme droit à base heptagonale vaut donc 9 × 10 = 90. 90 augmenté de 7 vaut 97. Il y a donc 97 diamants par coffre.
17 × 97 = 1 649.
Nous sommes donc à Stockholm en 1649.

DÉNOUEMENT P. 42-43

INDICE 1 : CHAMBORD est composé de 4 lettres qui se suivent dans l'alphabet.

INDICE 2 : Le double de l'opposé du décuple de mon ordonnée. → 2 × 10 × 0,35 = 7

INDICE 3 : Dans 26,1, le chiffre des unités est 6, le chiffre des dizaines est 2. 6 : 2 = 3

INDICE 4 : La division de la somme des chiffres d'Orléans et de la somme des chiffres de Paris
Orléans : 135,184 -> 1+3+5+1+8+4 = 22
Paris : 241,4 -> 2+4+1+1 = 11
22 : 11 = 2

INDICE 5 : 2, 3, 5, 7,11 et 13 sont les premiers éléments de la liste des nombres premiers.
13 occupe donc le rang 6.

LE VOYAGE CONTINUE...

INDICE 6 : 4096 : 2 = 2048
2048 : 2 = 1024
1024 : 2 = 512
512 : 2 = 256
256 : 2 = 128
128 : 2 = 64
64 : 2 = 32
(7 FOIS)
3 + 2 = 5

INDICE 7 : Il y a 8 lettres différentes dans STOCKHOLM.

INDICE 8 : Le chiffre des unités de 1649 est 9.

D	A	P	Z	I	E	U	R	S	E
Q	M	S	L	F	K	F	J	H	G
W	N	X	B	C	V	A	O	Z	P
S	K	F	G	W	R	X	F	C	J
R	N	S	A	J	A	E	O	M	R
S	A	O	T	A	B	X	G	T	L
T	H	K	Y	R	T	F	U	E	Z
L	T	U	O	J	C	P	H	P	S
J	A	Z	P	B	O	L	A	L	Y
P	N	V	T	C	A	S	E	N	E

→ 9 vers la droite donne E

↓ 7 vers le bas donne S

← 4 vers la gauche donne C

↑ 2 vers le haut donne A

← 5 vers la gauche donne R

↓ 2 vers le bas donne T

→ 8 vers la droite donne E

↑ 6 vers le haut donne S

MINI ESCAPE 3

P. 44-45

ÉNIGME 1 : La réponse est 9.

ÉNIGME 2 : 4 est solution de l'énigme puisqu'il dispose de trois diviseurs (1, 2 et 4), soit 1 de moins que sa valeur.

ÉNIGME 3 : Il existe plusieurs façons de voir le volume. On peut par exemple considérer que c'est la moitié du parallélépipède de dimensions 4 × 3 × 5, c'est-à-dire 60 unités dont la moitié vaut 30.

ÉNIGME 4 : Le quadrilatère a des diagonales perpendiculaires, qui se coupent en leur milieu.
Il s'agit d'un carré de côté 6 cm ayant donc une aire de 36 cm².
La surface colorée représente la moitié de la surface du carré.
La réponse est donc 18.

ÉNIGME 5 : Les diviseurs de 60 sont, sous forme de produits :

1 × 60	3 × 20	5 × 12
2 × 30	4 × 15	6 × 10

On remarque que 1, 2, 3, 4, 5 et 6 sont des diviseurs de 60.

Ainsi, lorsqu'on lance un dé à 6 faces, on est certain d'obtenir un diviseur de 60.

On a donc 6 chances.

ÉNIGME 6 : $(((E_3 + E_4) \times (E_4 : E_1) - (E_4 - (E_1 - E_2))) \times E_2 - E_1) \times E_5$
$(((30 + 18) \times (18 : 9) - (18 - (9 - 4))) \times 4 - 9) \times 6$
$((48 \times 2 - (18 - 5)) \times 4 - 9) \times 6$
$((96 - 13) \times 4 - 9) \times 6$
$(83 \times 4 - 9) \times 6$
$(332 - 9) \times 6$
323×6
1938, soit l'année admise du premier ordinateur binaire.

ÉNIGME 7 :

$E_1 = 9$
$E_2 = 4$
$E_6 = 1938$
$E_1 + E_6 - E_2 = 9 + 1938 - 4 = 1943$, soit l'année du premier ordinateur électronique, sans pièce mécanique.

ÉNIGME 8 :

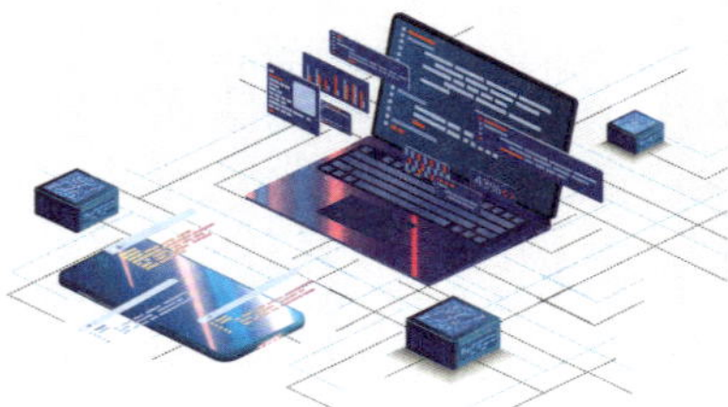

$E_1 = 9$
$E_2 = 4$
$E_4 = 18$
$E_5 = 6$
$E_2 + E_5$ lettres, soit 10 lettres
$E_1 - E_2$ voyelles, soit 5 voyelles
Sa deuxième lettre se trouve en position E_4 dans l'alphabet, soit la 18e place, c'est-à-dire la lettre R.

Parmi les éléments de la liste, seul Ordinateur répond à tous les critères.

AU BOUT DU VOYAGE

ÉNIGME 1 P. 47 - Réponse : 16,5

(B2*B3 + C2*C3 + D2*D3) / E3 = (12 × 24 + 17 × 15 + 19 × 27) / 64 = 16,5

ÉNIGME 2 P. 48 - Réponse : 4 375

16,5 + 21 = 37,5
37,5 × 3 = 112,5
16,5 – 4 = 12,5
$12,5^2 = 156,25$
156,25 – 112,5 = 43,75
43,75 × 100 = 4 375
La réponse est donc 4 375.

ÉNIGME 3 P. 49 - Réponse : 4375

Un peu de calcul littéral permet de comprendre la réponse à cette énigme.

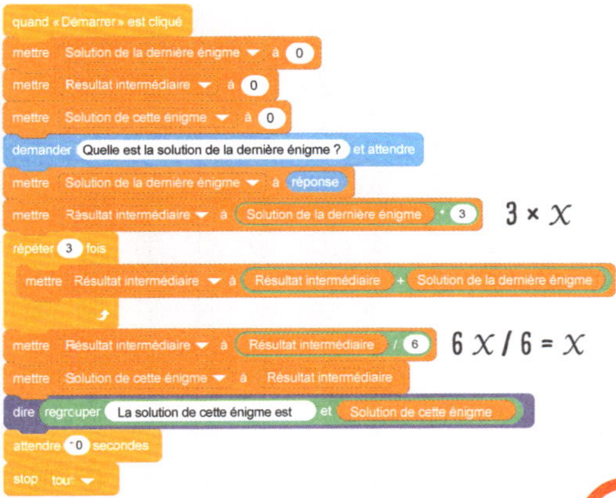

$3 \times x$

$3 \times x + x = 4x$
$4 \times x + x = 5x$
$5 \times x + x = 6x$

$6x / 6 = x$

ÉNIGME 4 P. 50 - Réponse : 33

Il manque 33 petits cubes.

ÉNIGME 5 P. 51 - Réponse : 16 H 34

4 375 + 4 375 + 33 donne 8 783 secondes.

8 783 = 3 600 × 2 + 1 583

1 583 = 60 × 26 + 23

Le voyage dure donc 2 heures 26 minutes et 23 secondes. Puisqu'il a débuté à 14 h 08, il se terminera à 16 h 34 puisque les secondes ne sont pas saisies.

ÉNIGME 6 P. 52 - Réponse : 4

Les triangles de même aire que ABC (en rouge) sont ABD et ABE car (CD)//(AB), ils ont donc la même hauteur relative à la base [AB].

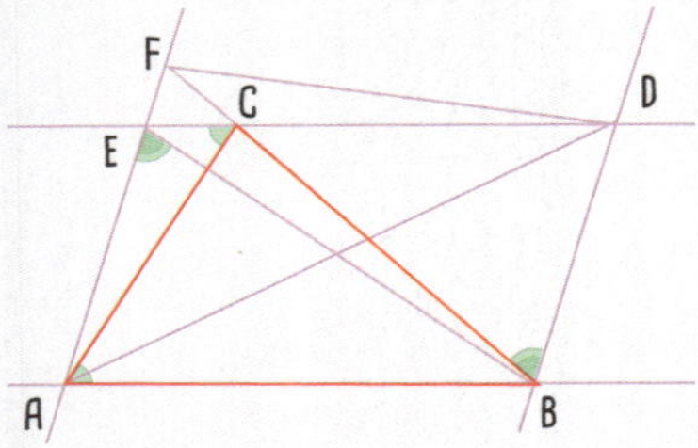

On a aussi ABD, BDE et DBF qui sont de même aire car (BD)//(AE), ils ont donc la même hauteur relative à la base [BD]. On a donc au total 4 triangles de même aire que ABC.

ÉNIGME 7 P.53 - Réponse : (200 ; -50)

Le code encadré est répété 4 fois. En partant de la position (-200 ; -50), le chat avance donc de 400 unités vers la droite. Il arrive donc au point de sortie en (200 ; -50).

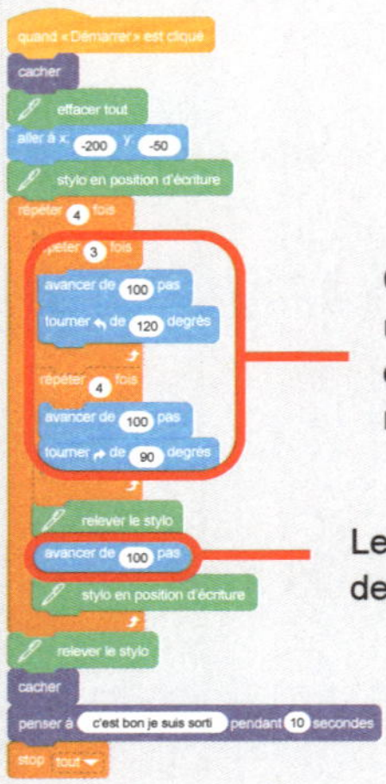

Cette partie du code dessine une maison. Lorsque l'exécution est terminée, le personnage est revenu à son point de départ.

Le personnage se déplace entre chaque dessin de 100 pas vers la droite.

ÉNIGME 8 P.54 - Réponse : = C3 / E3

Il faut saisir la formule « = C3 / E3 ».

ÉNIGME 9 P.56 - Réponse : 3

Dans la pièce sont en fait présents un grand-père, son fils et son petit-fils, soit en réalité 3 personnes physiques.

ÉNIGME 10 P. 57 - Réponse : 12 ; 9 ; 6

Le grand-père sera x, son fils y et le petit-fils z.
Traduisons sous forme littérale :
$x = y + 3$ (Le grand-père reçoit 3 livres de plus que son fils.)
$y = z + 3$ (Le fils reçoit 3 livres de plus que le petit-fils.)
$x = 2 \times z$ (Le grand-père reçoit deux fois plus de livres que son petit-fils.)
$x + y + z = 27$
Beaucoup d'équations et d'inconnues, changeons de point de vue.
$z = y - 3$ (Le petit-fils a donc 3 livres de moins que son père.)
$x = 2 \times z = 2 \times (y - 3) = 2y - 6$ (Le grand-père a donc toujours le double de livres de son petit-fils et on remplace l'expression z par l'expression $y - 3$).
On sait donc que le grand-père a 3 livres de plus que son fils ou le double de livres de son fils diminué de 6. Ce qui donne l'égalité suivante :
$y + 3 = 2y - 6$
$3 + 6 = 2y - y$
Ainsi $y = 9$ et donc $x = 12$ et $z = 6$ et la somme des livres de chacun donne bien 27.
Cette première solution nécessite une bonne maîtrise des techniques du calcul littéral.
Il est possible de résoudre, à l'aide du tableur, cette énigme, en recherchant les nombres entiers dont la somme est égale à 27.
A minima, le grand-père aura au moins 7 livres, le petit-fils recevra au moins un livre et en compte 6 de moins que le grand-père.
Il suffit de créer les triplets (x, y, z) dans le tableur, et d'en faire la somme pour voir si elle est égale à 27. On passera à chaque ligne en augmentant la quantité de livres du fils par pas de 1.
C2 = 1
B2 = C2 + 3
A2 = B2 + 3
D2 = A2 + B2 + C2

	A	B	C	D
1	Grand-père	Père	Fils	Total
2	= B2 + 3	= C2 + 3		= A2 + B2 + C2

DÉNOUEMENT P. 58-59

INDICE 1 : La cellule utilisée au diviseur de la réponse de l'énigme 8 → Cellule E3 : G

INDICE 2 : La cellule utilisée au dividende de la réponse de l'énigme 8 → Cellule C3 : R

INDICE 3 : Dans la réponse de l'énigme 1, mon chiffre des dizaines donne le rang de la lettre de ma colonne et mon chiffre des dixièmes donne mon numéro de ligne. → Cellule A5 : A

INDICE 4 : À partir de l'indice 2, descends d'autant de cellules que la réponse de l'énigme 6. → Cellule C7 : C

INDICE 5 : La partie entière du quotient du nombre de dizaines de l'énigme E_3 par l'abscisse trouvée dans la réponse de l'énigme 7 te donne ma colonne. Le chiffres des dizaines de la distance à zéro de l'ordonnée dans l'énigme 7 te donne ma ligne. → Cellule B5 : E

INDICE 6 : Dans la réponse de l'énigme 2, la somme des chiffres des milliers et des unités te donne ma colonne. La somme des chiffres des centaines et des dizaines te donne ma ligne. → Cellule I10 : H

INDICE 7 : Dans la réponse de l'énigme 5, la somme des chiffres de mon heure t'indique ma colonne et celle des minutes ma ligne. → Cellule G7 : O

INDICE 8 : À partir du deuxième indice, déplace-toi vers la droite d'autant que la somme des chiffres de la réponse de l'énigme 4. Deux fois, tu me conserveras. → Cellule H3 : P (deux fois)

INDICE 9 : Le quotient du plus grand nombre obtenu dans la réponse de l'énigme 10 par celui de la réponse de l'énigme 9 te donne ma colonne. La somme des chiffres de l'énigme 4 te donne ma ligne. → Cellule D6 : E

INDICE 10 : Dans l'énigme 10, le résultat médian t'indique la colonne et le plus petit la ligne. → Cellule I6 : R

	A	B	C	D	E	F	G	H	I	J
1	G	H	S	K	T	V	Y	T	C	T
2	Z	E	S	U	T	S	Q	H	D	I
3	Q	F	R	O	G	E	R	P	S	R
4	B	S	U	E	A	O	O	X	A	Q
5	A	E	O	I	R	L	N	J	A	T
6	E	U	H	E	S	I	K	O	R	H
7	B	N	C	M	I	V	O	Z	X	A
8	G	J	Z	S	E	E	P	Z	F	L
9	M	I	Y	B	V	Z	Q	F	W	I
10	R	O	U	D	O	U	L	P	H	E

L'informatique doit beaucoup à GRACE HOPPER.

MINI ESCAPE 4

P. 60-61

ÉNIGME 1 : On fait la somme de 4 entiers successifs. On obtient 102. La moyenne de ces 4 nombres entiers vaut donc $\frac{102}{4} = 25{,}5$

On en déduit que E_1 vaut 24 (24 + 25 + 26 + 27 = 102)

ÉNIGME 2 : Pour obtenir 100, on effectue l'opération $5 \times 5 \times 5 - 5 \times 5 = 125 - 25 = 100 \rightarrow E_2 = 3$

ÉNIGME 3 : 1 000 ordinateurs résolvent 1 000 calculs complexes en 10 jours.

1 000 ordinateurs résolvent 100 calculs en 1 jour.

500 ordinateurs résolvent 50 calculs en 1 jour.

500 ordinateurs résolvent 250 calculs en 5 jours.

E_3 vaut 250.

ÉNIGME 4 : Traduisons à l'aide du calcul littéral.

Posons x le nombre entier recherché.

$E_1 = 24$ — $24 + 5x = 13 \times 3$

$E_2 = 3$ — $24 + 5x = 39$

$E_4 = x$

Ces équations se résolvent de manière automatique en fin de cycle 4. Mais on peut, en raisonnant, trouver que 5x est égal à la différence (l'écart) de 39 et 24, soit 15.
5 est un diviseur de 15. On trouve que E_4 vaut 3.

ÉNIGME 5 : Le périmètre du carré de côté 4 vaut 16.
Pour le périmètre du cercle, on sait donc que 16 = π × d où d est le diamètre du cercle. → $d = \frac{16}{\pi}$ → E_5 vaut donc 5.

ÉNIGME 6 : On cherche la mesure de l'angle principal.
Le triangle isocèle a donc deux angles égaux de 71 °, soit une somme de 142 °. 180 ° – 142 ° = 38 ° → E_6 vaut donc 38.

ÉNIGME 7 : On cherche un nombre entier.
$t_{min} = \frac{d_{km}}{v_{km/h}} \times 60 = \frac{1205}{125} \times 60 = 578{,}4$ min → E_7 vaut donc 578.

ÉNIGME 8 :

$E_8 = (E_3 + E_6) \times (E_1 + E_2) : E_4 - E_7$
$E_8 = (250 + 38) \times (24 + 3) : 3 - 578$
$E_8 = 288 \times 27 : 3 - 578$
$E_8 = 2\,592 - 578$
$E_8 = 2\,014$

Maryam Mirzakhani a donc été la première femme médaillée Fields en 2014.